Naïma est afro-américaine. Son père est américain et sa mère vient d'Afrique. Le cirque est sa passion.

Rajani est indienne. Elle adore danser, surtout les danses traditionnelles de son pays.

Alexa est australienne. Elle monte à cheval et souhaite devenir championne d'équitation.

ALEXA CLARK

BEN CLARK
grand frère d'Alexa

JIMMY SWANN
meilleur ami et amoureux d'Alexa

DAN CLARK
père d'Alexa

JOSEPHINE CLARK (JO)
mère d'Alexa

EMILIA SIMPSON
ennemie d'Alexa

YVONNE SWANN
mère de Jimmy

**NOUS SOMMES TOUS DIFFÉRENTS,
DONC TOUS EXCEPTIONNELS.**

PROVERBE ARAMÉEN.

Chapitre 1

Le père d'Alexa

Une ombre passa au-dessus de la rivière Adélaïde. Alexa leva les yeux et vit un couple d'aigles de mer à ventre blanc. Les oiseaux de proie planèrent jusqu'au ras de l'eau, puis remontèrent vers le ciel bleu.

– Voilà le ***River Princess***[1] ! s'écria Ben. Alexa Clark regarda dans la direction que son frère indiquait. En effet, le bateau que pilotait leur père revenait vers le quai.

1. River Princess *(en anglais) : Princesse de la rivière.*

Tout à coup, leur ami Jimmy, assis près d'Alexa, pointa le doigt.

– J'en vois un. Ça fait six pour moi. J'ai gagné !

– Où ? demanda Ben. Ah oui !

C'était un petit jeu entre eux quand ils attendaient le ***River Princess***. Ils comptaient les crocodiles qui paressaient au soleil sur les berges du fleuve.

– Mon bisou, réclama Jimmy.

– Ça ne va pas ? protesta Alexa.

– T'as parié ! rétorqua Ben. Un bisou pour le vainqueur !

– On t'a sonné, toi ? Je n'ai jamais parié ! J'ai dit que Jimmy perdrait aujourd'hui, et c'est tout !

Les deux garçons se mirent à rire.

– Arrêtez ! dit Alexa en essayant d'avoir l'air fâché. Vous n'êtes pas drôles !

La sirène du ***River Princess*** retentit deux fois

pour signaler son arrivée. Les enfants se levèrent. Bientôt, les touristes descendraient du bateau et il fallait laisser le passage libre.

– Vous faites quoi, demain après-midi ? demanda Jimmy.

– Rien d'intéressant, répondit Ben. Pourquoi ?

– Maman ouvre les portes de son atelier aux visiteurs. Vous pouvez venir si vous voulez.

– ***Bonzer***[2] *!* s'exclama Alexa. J'adore regarder Yvonne travailler !

La mère de Jimmy, Yvonne Swann, était une artiste aborigène[3] très célèbre. Elle était surtout connue pour ses peintures sur des écorces d'arbre.

– Salut, papa ! hurla Ben en agitant les bras.

2. Bonzer *(prononcer « bon-zeur », en argot australien) : génial, excellent.*

3. *Aborigènes : premiers habitants d'un territoire. On pense que les Aborigènes d'Australie sont arrivés dans ce pays il y a au moins quarante mille ans.*

– Il ne t'entend pas, idiot, remarqua Alexa. Et samedi, tu es libre, Jimmy ? Je suis inscrite au ***cross-country***[4]. C'est une compétition pour les moins de 16 ans. Le parcours est plus court que pour les adultes. Il n'est pas facile quand même.

Le ***River Princess*** était amarré. Les touristes défilèrent un par un sur le pont de bois, en tenant fermement la corde de sécurité. Ils venaient de voir de près les monstrueux crocodiles marins et personne n'avait envie d'un petit plongeon dans la rivière !

Le capitaine quitta le bateau le dernier.

– Bonjour, monsieur Clark, dit Jimmy.

– Ça va, les enfants ? Alexa ! Qu'est-ce que tu t'es encore fait ?

– Quoi ? Oh, la bosse sur le front ! C'est rien, papa, je me suis pris une porte à l'école.

4. Cross-country *(en anglais) : course d'obstacles (troncs, haies, rivières...) à cheval.*

– Comment peut-on « se prendre » une porte ? s'étonna Dan Clark.

– C'est parce que Andrew, un copain de ma classe, a un nouveau skateboard et il me l'a prêté pour que je l'essaie. Le problème, c'est que le sol de la cour est plein de trous et que je n'ai pas réussi à tous les éviter. C'est comme ça que je suis rentrée dans les poubelles et que je les ai renversées. Alors il a fallu que je ramasse les saletés par terre. Après je suis repartie pour un tour et je me suis cognée dans le banc parce que Fiona mangeait son sandwich et quand elle mange, elle marche sans regarder et elle m'est passée devant. Et puis la surveillante est arrivée en criant qu'il était interdit d'utiliser les skateboards dans l'école.

Alexa sourit de toutes ses dents.

– Mais... quel est le rapport avec la porte ? dit Dan.

– Ah ça, c'est parce que j'ai perdu ma sandale.

Son père leva les yeux au ciel.

– C'est très simple, papa ! Je me suis sauvée en courant pour échapper à la surveillante, ma sandale est restée au bas de l'escalier du perron et j'étais déjà en haut, je suis redescendue pour la récupérer et le temps que je remonte, William, ce ***drongo***[5], avait fermé la porte et, comme je remettais ma chaussure, je l'ai pas vue. Et je me suis pris la porte.

– Il y a des questions que je ne devrais pas poser, soupira Dan.

5. Drongo *(en argot australien) : idiot, gros nul.*

Les enfants ramassèrent leurs sacs de classe et suivirent le capitaine Clark jusqu'à sa voiture.

– Les crocodiles ont bien sauté ? demanda Jimmy.

– Comme d'habitude, toujours prêts ! plaisanta Dan.

Un voyage sur la rivière Adélaïde montrait aux touristes un spectacle qu'ils n'oublieraient pas de sitôt. Les énormes crocodiles surgissaient de l'eau, presque debout sur leur queue, pour attraper les morceaux de viande qu'on leur tendait au bout d'une canne à pêche. C'était une expérience fascinante de voir ces créatures glisser des rives boueuses et nager, sans faire une vague, jusqu'au

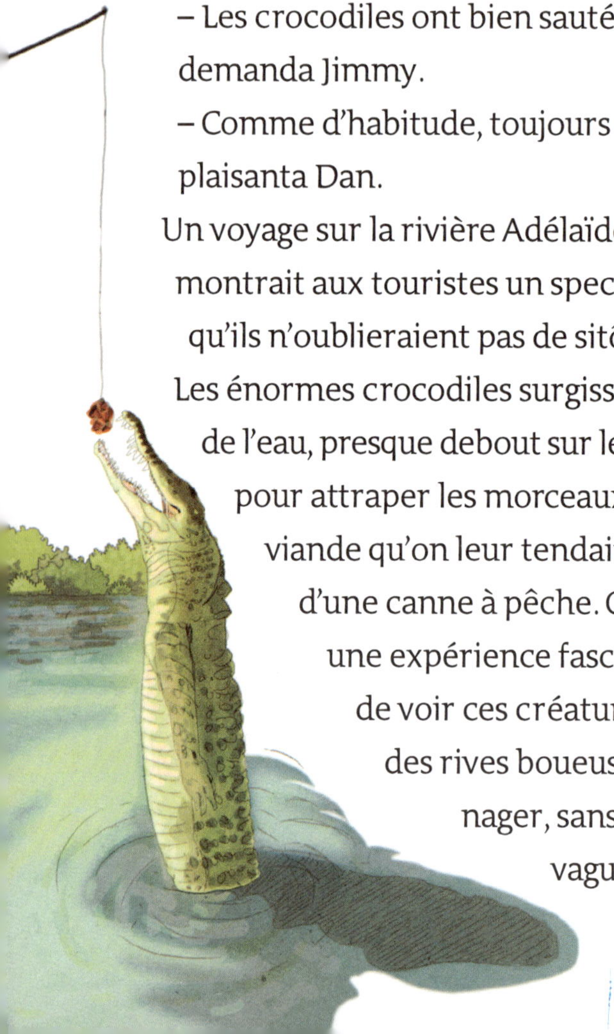

bateau. D'un bond, ils sautaient, mâchoires grandes ouvertes. En une seconde, ils saisissaient la viande et disparaissaient dans les profondeurs.

Dan Clark, au moment de s'installer au volant, se retourna brusquement vers sa fille.

– Non mais dis donc… Est-ce que ta longue explication, à laquelle je n'ai rien compris, n'avait pas pour but de cacher le fait que tu avais été punie ?

Alexa se mordit les lèvres.

– Eh bien, c'est que… Quand j'étais à l'infirmerie pour soigner ma bosse, la directrice est venue et a mis un mot dans mon cahier. Et franchement, je trouve que ce n'est pas joli, joli de sa part d'avoir profité du fait que j'étais blessée…

– Tu te moques de moi ? Donne-moi ton cahier !

Honteuse, Alexa obéit. Son père poussa une exclamation.

– Ce n'est pas une punition ! C'est un avertissement ! C'est le deuxième depuis le début de l'année !

– Le premier, c'était pas ma faute. C'est parce que cette pimbêche d'Emilia Simpson...

– Tu vas te taire, à la fin ! Je suis très fâché ! Encore un avertissement et tu seras renvoyée de l'école. C'est ça que tu veux ?

– Non... murmura Alexa, le nez baissé. Dan Clark lui ordonna de monter dans la voiture. Les enfants n'osèrent pas parler durant tout le trajet. Mais Jimmy prit la main d'Alexa et la garda dans la sienne jusqu'à sa maison.

Chapitre 2

La mère d'Alexa

Josephine Clark, qu'on appelait Jo, regarda sa fille par-dessus sa machine à coudre.

– Il y a des jours où je me demande ce qu'on va faire de toi, dit-elle. Tu as 11 ans !

– J'ai un plan ! répondit Alexa. Je vais devenir championne du monde d'équitation !

– Dans tes rêves ! Tu crois que c'est facile d'être une championne ? Tu crois que tu

seras sélectionnée aux Jeux olympiques parce que tu as les yeux bleus ? Tu crois qu'il suffit d'avoir de la chance pour réussir dans la vie ?

– Non, c'est pour ça que je m'entraîne autant !

Jo ralluma la machine pour finir son ourlet.

– J'aimerais mieux que tu travailles dur à l'école. Va t'occuper de ton cheval.

– D'accord... Super jolie, ma nouvelle jupe !

– Oui, et tu ne la mérites pas. Maintenant, je vais réfléchir à ta punition.

– Heu... Je peux faire des suggestions ? Privée de télé pendant une semaine ?

– Un mois.

– Quinze jours ?

– Un mois. Et si tu ouvres encore la bouche, ce sera deux !

Alexa prit son chapeau de paille

car le soleil cognait dur, même en fin d'après-midi. Dehors, Ben jouait à lancer un bâton à Bunbulama, leur berger allemand.

– Alors ? Qu'a dit maman ?

– Que je suis bonne à rien.

– On le savait déjà ! ricana Ben.

Alexa haussa les épaules. La dernière chose dont elle avait besoin, c'était un grand frère pour se moquer d'elle. Elle se dirigea vers le pré où deux chèvres et le cheval, Belize, se reposaient à l'ombre. Dans le nord de l'Australie, il faisait toujours chaud. Il n'y avait que deux saisons, une sèche et une humide.

Dès qu'il aperçut Alexa, Belize trotta jusqu'à la barrière. Comme la plupart

des chevaux australiens, il n'appartenait pas à une race précise. Belize n'était vraiment pas très beau. Plutôt costaud, d'une couleur gris sale, il avait également des dents plantées de travers. Personne n'aurait parié sur un tel animal ! Mais Belize était courageux, très résistant et d'une intelligence peu ordinaire. Il obéissait à la voix d'Alexa et semblait toujours comprendre ce qu'elle voulait de lui.

– Pas marrante, ma journée. Et toi, ça va ? Je vois que les ***mozzies***[6] t'ont attaqué, mon pauvre vieux !

Alexa conduisit Belize jusqu'à la cabane en bois qui servait d'écurie. Elle passa la brosse pour le débarrasser de la poussière et des moustiques (qui en profitèrent pour la piquer, elle aussi). Puis elle inspecta soigneusement les jambes de Belize pour s'assurer qu'il n'y avait pas de tiques. Ensuite, elle nettoya ses yeux et ses naseaux avec une éponge humide. Enfin, elle remplit un seau de granulés, son repas préféré, et changea l'eau de l'abreuvoir.

Les chèvres vinrent réclamer quelques caresses. Tout en les grattant sous le menton, Alexa pensait à sa punition. Parfois elle oubliait de réfléchir. Pourtant, elle savait bien qu'il était interdit d'utiliser

6. Mozzies *(prononcer « moz-zize », en australien) : moustiques.*

un skateboard dans l'école ! Oui, mais c'était pour voir s'il roulait bien sur le sol défoncé de la cour… Alexa ne faisait pas de bêtises. Elle faisait des *expériences*. Les grandes personnes ne comprenaient jamais rien.

Chapitre 3

Une visite chez Yvonne

Il y avait du monde devant la maison d'Yvonne Swann, la mère de Jimmy. Ce n'était pas souvent qu'une artiste aussi célèbre ouvrait les portes de son atelier aux visiteurs. Mais Yvonne le faisait au moins une fois par an. Elle était née sur l'île de Groote Eylandt, une île interdite à tous ceux qui ne sont pas aborigènes comme elle. Elle avait reçu l'autorisation des Sages, les chefs de sa tribu, de parler et d'expliquer les croyances de son peuple. Dans sa peinture, Yvonne racontait les histoires, les légendes, les traditions et la religion des Aborigènes. Et elle aimait beaucoup qu'on lui pose des questions !

Dan Clark gara sa voiture sur la route.

– Eh bé ! s'exclama Ben. On va avoir du mal à entrer !

– C'est comme ça chaque fois, répondit Jimmy.

– Tu reviendras nous chercher ? demanda Alexa à son père.

– Non. Parce que je reste ! Moi aussi, ça m'intéresse.

Une musique étrange parvenait de la cour, sourde et vibrante.

– C'est mon oncle Djalu qui joue du ***yidaki***[7], dit Jimmy. Il est trop fort !

7. Yidaki *(en aborigène) : instrument plus connu sous le nom de didjeridoo. Le* yidaki *est fabriqué à partir d'un tronc ou d'une branche d'arbre que les termites ont creusé. Une fois coupé à la taille voulue, il est peint.*

Les gens s'étaient assis par terre, en rond autour de Djalu. Le ***yidaki*** était un instrument difficile à jouer. Le musicien devait être capable d'inspirer l'air par le nez et de souffler par la bouche sans jamais s'arrêter. Avec ses lèvres et surtout avec sa langue, il créait une mélodie. On pouvait aussi chanter dans le ***yidaki*** ou imiter des cris d'oiseaux ou d'animaux.

Les spectateurs, ravis, applaudirent la fin du morceau. Djalu les invita à essayer de jouer à leur tour. Le résultat fut désastreux. On entendit des « pouoouou » et des « poutpoutpout » et souvent... rien du tout. Mais on s'amusait bien !

Alexa adressa un signe de la main à la mère de Jimmy en entrant dans l'atelier.

– Tais-toi, ordonna Dan Clark.

– Je n'ai pas dit un mot ! répondit Alexa à son père.

– Je te connais. ***Chatterbox***[8] !

Yvonne Swann montrait aux visiteurs toutes les étapes de la fabrication de ses peintures. D'abord, il fallait découper un morceau d'écorce sur un arbre. Yvonne préférait l'eucalyptus. Ensuite, on étalait des brindilles et des herbes sur l'écorce et on y mettait le feu pour la sécher. Enfin, on posait dessus de grosses pierres pour l'aplatir. L'écorce était bien sèche au bout de quatre ou cinq jours. Avant de peindre, l'artiste y attachait deux baguettes pour qu'elle ne se déforme pas.

– Voici mes couleurs, dit Yvonne. Je les fabrique moi-même. Le jaune, le rouge et le marron proviennent de la terre ocre

8. Chatterbox *(en anglais) : personne très bavarde, moulin à paroles.*

et de certaines pierres. Le blanc, c'est de l'argile que l'on appelle « terre de pipe ». Et le noir, du charbon. Pour empêcher la peinture de s'effacer et de s'abîmer, je la mélange avec du miel.

Yvonne s'assit en tailleur sur le sol, une feuille d'écorce sur les genoux.

– Comme pinceaux, j'utilise surtout des bâtonnets pointus et des plumes.

Sous les regards émerveillés des visiteurs, elle commença à peindre.

– C'est un kangourou ! s'exclama un petit garçon.

– C'est la tête d'un kangourou, répondit Yvonne en souriant.

Le petit garçon fronça les sourcils en voyant la main d'Yvonne dessiner le corps d'un serpent. Encore plus surprenant, elle finit avec une queue de crocodile !

– C'est Yingarna, dit-elle. C'est le nom du plus puissant des esprits, une femelle, le Serpent Arc-en-Ciel ! Yingarna dort dans les petites mares, les ***billabongs***, ne la réveillez surtout pas ! Elle n'est pas toujours de bonne humeur. Elle peut provoquer des inondations et des tremblements de terre. Quand j'étais enfant, on me racontait cette histoire : Yingarna, dans son ventre, contenait toute l'origine du monde – les rochers, les animaux, les oiseaux, les arbres… et un homme, Gorrogo. Après beaucoup d'efforts, Yingarna, le Serpent Arc-en-Ciel, réussit enfin à faire sortir Gorrogo de son corps. Mais elle était épuisée et souffrait beaucoup. Alors, Gorrogo décida de lui ouvrir le ventre avec un couteau de pierre. Et brusquement, toute la création apparut sur Terre.

Au bas de la feuille d'écorce, Yvonne ajouta un petit dessin.

– Voici ma signature, l'empreinte d'une patte d'oiseau, le guêpier. Cet oiseau très répandu est mon totem[9]. Les Sages de ma tribu m'ont dit que j'avais été un guêpier dans une autre vie. C'est pour ça que je suis devenue peintre ! Les plumes du guêpier sont de toutes les couleurs. Les couleurs de l'arc-en-ciel...

– Je suis étonné par votre histoire, remarqua un monsieur en short.

Il me semblait que celui qui avait créé le monde était Baiame.

9. Totem : animal (ou plante) que l'on considère comme son protecteur ou son ancêtre.

Yvonne éclata de rire.

– Vous avez bien révisé avant de venir ! Le visiteur avoua qu'il avait lu des livres sur la culture des Aborigènes.

– Ne pensez surtout pas que je me moque de vous, dit Yvonne. Au contraire, je suis très heureuse de l'intérêt que vous nous portez. Et vous n'avez pas tort. Il y a, au départ de toute chose, le Grand Esprit Créateur, qu'on appelle souvent Baiame. Je vais essayer de vous expliquer : au commencement, qu'on appelle le Temps du Rêve, les Esprits peuplaient la Terre. Baiame s'endormit. Et il fit un rêve. Il s'agita tellement dans son sommeil qu'il réveilla d'autres Esprits. Ensemble, ils construisirent notre monde. Sans la déesse du soleil Yhi, nous serions toujours dans le froid et l'obscurité. Le Serpent Arc-en-Ciel a creusé dans le sol et ainsi sont apparues les mers et les rivières, puis les montagnes… Tous les Aborigènes croient au Temps du Rêve et au Grand Esprit Créateur. Mais chaque tribu a ses propres histoires, ses légendes et ses contes.

– Je comprends mieux, répondit le monsieur en short. Merci !

Yvonne se releva et posa sa feuille d'écorce à côté d'autres, sur le sol.

– Voici comment vous devez regarder mes œuvres. Du dessus. Car c'est ainsi que je les vois quand je peins. Je sais bien que les gens les accrochent au mur, mais c'est une erreur.

Alexa poussa son frère du coude et lui montra l'une des peintures.

– Ils sont trop drôles, ceux-là, avec leurs cheveux dressés sur la tête !

Yvonne se retourna vers elle et lui sourit.

– Ce sont les Esprits Mimi. Ils sont un peu coquins...

– J'aime beaucoup les dessins géométriques, dit Dan Clark. Les petits traits qui se croisent.

– On les nomme ***rarrk***, précisa Yvonne. Ces dessins racontent des histoires du Temps du Rêve. Évidemment, il est très difficile pour des étrangers de les comprendre. C'est un genre de code, si vous voulez.

Alexa se pencha au-dessus de l'écorce. Un code ? Ça, c'était vraiment très intéressant…

Chapitre 4

Alexa a une idée

On va inventer un code, déclara Alexa.

– Hein ? fit Jimmy.

– Pour notre tribu, dit Alexa.

Aux dernières grandes vacances, Alexa, Jimmy et Ben avaient créé leur propre tribu, la tribu ***Mullee Mullee***[10]. Personne ne devait être au courant, et surtout pas les parents ! Les trois enfants avaient choisi le crocodile

10. Mullee Mullee *(prononcer « Mulli Mulli », en aborigène) : Esprit du Rêve pour les Aborigènes.*

comme totem et juré de ne jamais en manger. Parce qu'on ne mange pas son totem ! Ils tenaient des réunions secrètes, souvent dans le pré avec Belize et les chèvres.

– Il nous faut un langage rien que pour nous, continua Alexa. Et un code comme celui qu'Yvonne nous a montré hier.

– De quoi tu parles ? demanda Ben.

– Le ***rarrk***, répondit Jimmy.

– Des traits et des croix ? Qu'est-ce que tu veux faire avec ça ?

– On ne va pas faire pareil, dit Alexa. J'ai eu une idée cette nuit.

Elle sortit un papier froissé de sa poche. Elle avait dessiné des têtes de bonshommes, toutes différentes, avec une lettre sous chacune d'elles.

– Oh ! s'exclama Jimmy. C'est génial ! On va pouvoir se passer des mots

pendant les cours !

– Sans moi, répliqua Alexa. Je suis déjà privée de télé pendant un mois. Je n'ai pas envie d'une nouvelle punition. Tu peux garder la feuille. J'ai recopié le code pour toi. Bon, vous m'aidez à placer la barre ou quoi ?

Alexa devait s'entraîner avec Belize. Les garçons soulevèrent la barre en bois et la posèrent sur ses supports.

– Quelle hauteur ? s'informa Ben.

– Un mètre. Faut au moins ça. Les obstacles du ***cross-country***, je les connais ! Le plus dur pour Belize, c'est la rivière. Il n'aime pas l'eau !

Le cheval, déjà sellé, attendait à l'ombre. Dès qu'il vit les garçons mettre la barre en place, il trotta vers Alexa.

– C'est embêtant de n'avoir qu'un seul obstacle, remarqua Jimmy.

– Je ne me plains pas, répondit Alexa. Je pourrais ne pas en avoir du tout ! Tenez le chien ou il va encore courir après Belize.

Ben attrapa le collier de Bunbulama et lui ordonna de rester assis. Alexa monta en selle et commença en faisant tranquillement le tour du pré. Belize allongea le pas. Il avait envie de galoper ! Alexa relâcha les rênes qu'elle tenait serrées. Son cheval avait besoin de se sentir libre. Alexa dirigeait toujours Belize à la voix. Il y avait une grande confiance entre eux deux.

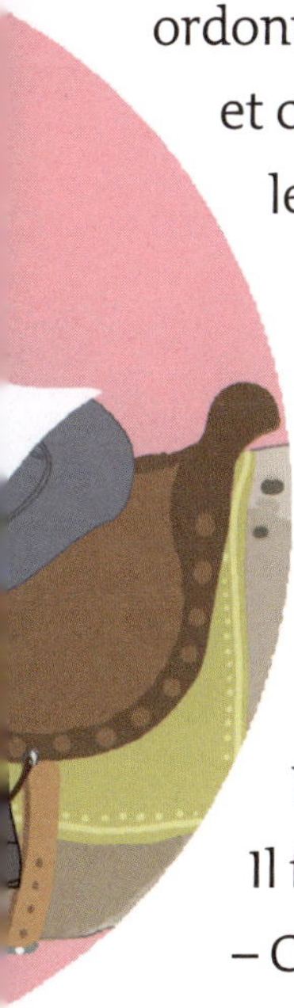

Belize partit au petit galop. Il franchit la barre facilement.

– C'est bien, dit Alexa. Ralentis… On revient… Allez !

Belize sauta de nouveau. Jimmy hocha la tête.

– Elle est vraiment forte.

– Un mètre, c'est rien. Tu verras pendant la course. Là, c'est du sérieux !

– Tu crois qu'un jour Alexa sera une championne ? demanda Jimmy.

– Je ne le crois pas. Je le sais !

Même s'il ne le disait pas, il était très fier de sa sœur. Alexa leur cria de mettre la barre plus haut.

– On est quoi, nous ? râla Ben. Ses esclaves ? Mais il souriait.

***

Après l'entraînement d'Alexa, Jimmy ouvrit le clapier et prit l'un des lapins pour le caresser. Pendant qu'Alexa soignait son cheval, son frère nourrissait les lapins et la tortue.

– J'aimerais bien avoir des animaux à la maison, dit Jimmy. Maman ne

veut pas. C'est trop de travail, il paraît !
– Elle a raison. Moi, je voulais juste un chien. Avec Belize, c'était suffisant, non ? Papa voulait des poissons tropicaux. Les chèvres, c'est marrant. Les lapins, c'est gentil. Mais les poissons ? C'est idiot ! Et je ne te parle pas des chats. Ça, c'est ma mère. Elle ramasse un minet sur la route et hop, je le retrouve sur mon lit ! Au moins, les wallabies[11], ils restent au fond du jardin.
– Et la tortue ? demanda Jimmy, amusé.
– Un cadeau de ma tante. Elle aurait pu nous offrir un DVD, un livre, un pot de fleurs. Non ! Encore une bestiole ! La prochaine fois, ce sera quoi ? Un émeu[12] ?

Jimmy éclata de rire.

11. Wallabies (mot d'origine aborigène) : kangourous de petite taille.

12. Émeu : grand oiseau d'Australie qui ressemble à une autruche.

– Il y a pire ! Derrière la maison de mon oncle, un crocodile d'eau douce s'est installé. Je te jure que c'est la vérité !

Accompagnée de Bunbulama, Alexa arriva en courant.

– ***Bora***[13] au bazar, dit-elle.

– Pardon ? fit Ben.

– Je viens de l'inventer, expliqua Alexa, c'est pour notre langage ***Mullee Mullee*** ! « ***Bora*** » parce que c'est comme ça que nous appelons nos réunions secrètes. Et « bazar » parce que c'est ce que dit toujours maman quand elle entre dans ma chambre. « Quel bazar, ici ! On devrait ouvrir un magasin, on ferait fortune ! » Elle trouve ça drôle.

– Alors « ***bora*** au bazar », ça signifie : « rendez-vous dans ta chambre », devina Jimmy.

13. Bora *(en aborigène) : cérémonie sacrée chez les Aborigènes.*

– D’accord, acquiesça Ben. Mais je propose une ***bora*** à la cuisine d’abord. Je meurs de faim !

Chapitre 5

Le code Mullee Mullee

Après avoir dévoré quelques sandwichs, Alexa, Ben et Jimmy se précipitèrent dans la chambre d'Alexa. Yahoo, un chat borgne qui avait plutôt mauvais caractère, cracha quand Ben le poussa de la chaise pour s'asseoir.

– Oh, ça va, la sale bête ! cria Ben. J'habitais ici avant toi !

Alexa se planta devant son étagère à bijoux. Dans une coupelle, elle choisit plusieurs bracelets multicolores.

– Pourquoi tu fais ça ? s'étonna Jimmy.

– Je ne comprends pas ta question, dit Alexa.

– Tu es chez toi, ça ne sert à rien de mettre des bracelets !

Alexa se retourna vers lui et le regarda d'un air désolé.

– Et alors ? C'est une raison pour être moche ?

– Tu es toujours jolie, répondit Jimmy avec un grand sourire.

– C'est pas bientôt fini ? protesta Ben.

Alexa prit un cahier à cadenas sur son bureau. Elle possédait deux cahiers à secrets. Le premier, à la couverture décorée d'un dessin aborigène, était celui de la tribu ***Mullee Mullee***. Ben et Jimmy avaient le droit d'y toucher. Le second, avec la photo d'un cheval, était « interdit aux garçons ».

Alexa le cachait sous son matelas.

Ben renversa le pot à crayons pour récupérer la clé du cadenas et la tendit à sa sœur.

– Bon, dit Alexa. J'ai déjà écrit le code. Il faudra l'apprendre par cœur.

Elle leur montra la page avec les têtes de bonshommes.

– J'ai fait un essai avec nos noms, pour voir, expliqua-t-elle en tournant la page. C'est rigolo, non ?

– C'est pas très clair, remarqua Ben. On ne sait pas où commence un mot et où il finit.

– Ah... J'avais pas pensé à ça.

– J'ai une idée ! s'exclama Jimmy. Et si on ajoutait un truc... un drapeau, par exemple, à chaque début d'un mot ?

– Excellent ! dit Alexa. Et facile... Un drapeau, une étoile, une fleur... comme on veut. Ah oui, c'est beaucoup

mieux. Prenez une feuille, on va s'entraîner avec de vraies phrases.

Pendant un long moment, ils restèrent silencieux, très occupés à dessiner.

– Ça y est ! annonça Ben. Qui veut lire ce que j'ai écrit ?

– Donne ! demanda Jimmy. « J »... « E »... drapeau, « S »... « Je suis » « L »... « E »... étoile... « M »...

Il fronça les sourcils.

– « Je suis le meilleur ». C'est malin !

– Passe-moi le tien, dit Ben.

– Non. C'est que pour Alexa !

Alexa devint rouge jusqu'aux oreilles en déchiffrant le message. Elle déchira le papier en petits morceaux pour être sûre que son frère ne puisse pas le lire.

– Hé ! cria Ben. C'est pas juste !

– Ça ne te regarde pas, répondit Alexa.

Pour se venger, Ben lui lança la peluche, un cheval ailé rose, qui traînait par terre. Alexa l'évita en se penchant sur le côté. Aussitôt, Yahoo se précipita sur la peluche, la saisit et se glissa sous le lit.

– Yahoo ! hurla Alexa. Rends-moi **Coconut**[14] tout de suite !

14. Coconut *(en anglais)* : *Noix de coco.*

Coconut était son doudou. Quand elle était petite, Alexa avait eu peur qu'il n'attrape des coups de soleil à cause de sa peau rose. Alors, elle avait vidé tous les tubes de crème solaire dans le lavabo et avait trempé la peluche dedans. La crème était parfumée à la noix de coco. Malgré de nombreux passages en machine à laver, ***Coconut*** sentait toujours aussi fort la noix de coco !

À plat ventre par terre, Alexa essaya de faire sortir Yahoo de sous le lit.

– Je vais te tuer si tu abîmes mon doudou ! Arrrg ! J'arrive pas à l'attraper !

Jimmy décrocha un boomerang du mur et l'utilisa pour obliger le chat à reculer. Yahoo donna un coup de patte au boomerang, lâcha la peluche et s'enfuit vers la fenêtre en crachant. Alexa récupéra son cher doudou.

– Ça va… Il n'a rien, dit-elle. Merci, Jim.

Jimmy remit le boomerang à sa place.

Chapitre 5

Il remarqua alors, sur une étagère, un objet qu'il ne connaissait pas. C'était une boule en plastique avec un crocodile à l'intérieur. Jimmy se mit à rire. Il secoua la boule pour faire tournoyer la « neige » argentée.

– Un croco sous la neige ! Jamais vu ça avant !

– Fais-y attention, répondit Alexa. C'est une rareté ! Elle m'a coûté une fortune.

– Quelle blague ! ricana Ben. Tu l'as ramassée dans une poubelle !

– Même pas vrai ! C'était pas dans une poubelle ! Je l'ai trouvée dans un vide-greniers.

– C'est bien ce que je dis ! Les gens mettent sur le trottoir toutes les saletés dont ils ne veulent plus !

On frappa à la porte. Jo, la mère d'Alexa, apparut et annonça que le dîner était prêt.

– Tu es le bienvenu, Jim, dit-elle. Comme d'habitude. Mais l'autre jour, ta mère m'a demandé si j'avais l'intention de t'adopter, parce qu'elle ne te voyait plus jamais à l'heure des repas !

– Vous sauriez pourquoi si vous aviez déjà goûté la cuisine de ma mère ! plaisanta Jimmy.

– Qu'est-ce qu'on mange ? demanda Ben.

– Une tourte à la viande.

– Maman ! cria Alexa. Je suis végétarienne !

– J'avais oublié ton nouveau caprice, soupira Jo. Salade et œufs frits ?

– Il y a des millions de gens qui sont végétariens ! Ils font tous un caprice ? Pour les œufs, ça ira…

Jimmy se lécha les lèvres. Hummm…

Chapitre 6

Une journée à l'école

S'il y avait bien une chose qu'Alexa détestait, c'était l'uniforme de son école. Pourtant celui-ci n'avait rien d'épouvantable. Les garçons portaient des shorts beiges et des chemises kaki et les filles, des robes. Alexa la trouvait affreuse, cette robe jaunâtre en coton. Heureusement, les filles étaient autorisées à porter la même tenue que les garçons si elles le souhaitaient.

Avant d'enfiler ses sandales, Alexa repassa une couche de vernis rose sur ses ongles de pied. Après, elle s'étonnait d'être en retard tous les matins ! Mais elle avait toujours quelque chose à faire de très important avant le petit déjeuner. Déjà, choisir quels bijoux pouvaient s'accorder avec l'uniforme était un vrai casse-tête ! La chemise à manches courtes, encore, ça allait… sauf qu'il y avait cet écusson brodé sur la poche. Et dans le genre nul, il l'était, cet écusson ! Quel idiot avait décidé que les initiales de l'école A.R.S. – Adélaïde River School – c'était joli ? Il n'aurait pas pu penser à un crocodile, ce ***drongo*** ?

Alexa entendit la voix de sa mère qui lui criait de descendre en vitesse. Elle soupira en enfilant ses sandalettes. Au moment de sortir, elle changea d'avis. Son bracelet avec une breloque en forme de fer à cheval

ARS

s'accrochait partout. Alexa préféra le remplacer par ses petits bracelets multicolores. Et puis, finalement, elle n'avait pas envie de garder son collier avec le cœur. Alors, peut-être que la perle, c'était mieux ? Et sa montre avec les turquoises, c'était très joli aussi...

Jo entra dans la chambre de sa fille et elle n'avait pas l'air content.

– Tu te moques de moi ? Ça fait dix minutes que je t'appelle !

– Ce n'est pas grave, je n'ai pas très faim.

– Pas question que tu partes avec l'estomac vide. Tu te dépêches, oui ?

Alexa ramassa son sac et suivit sa mère. Ben était assis à la table de la cuisine et dévorait son petit déjeuner. Alexa grimaça en voyant son assiette : des saucisses, des œufs et du bacon. Ben tartina un toast avec une épaisse couche de beurre.

– Tu n'avais pas assez de gras comme ça ? remarqua Alexa, dégoûtée.

Son frère lui tira la langue et… étala de la confiture sur son pain. Alexa se servit un verre de lait frais et prit une délicieuse mangue dans la corbeille.

– Kéchquichyadansmalunchbokch, dit Ben, la bouche pleine.

– Pardon ? répondit Jo.

Ben avala un gros morceau de saucisse et répéta :

– Qu'est-ce qu'il y a dans ma ***lunch box***[15] ?

– Mais il ne pense qu'à manger ! s'exclama Alexa.

– Eh ! protesta Ben. J'ai un match de ***footy***[16], moi, cet après-midi !

– Je n'ai rien prévu, dit Jo. On est vendredi, le magasin de l'école est

15. Lunch box *(en anglais) : boîte à compartiments dans laquelle on transporte son repas.*

16. Footy *: jeu australien. Sorte de mélange entre le football et le rugby.*

ouvert. Je vous donnerai de l'argent.
Alexa protesta. Les mères d'élèves qui tenaient le magasin ne servaient que des saletés ! Sa mère lui conseilla de prendre des fruits si elle le voulait.
Alexa ouvrit le placard où était rangé sa ***lunch box*** rose. Avec le dessin d'un cheval sur le couvercle, bien sûr !

– Tu as un match ? demanda Jo Clark. Tu aurais pu me prévenir !

– C'est pas un vrai match, juste un entraînement. Mais c'est important parce qu'on rencontre une grande équipe dans un mois.

Bunbulama posa la

patte sur les genoux de Ben. L'odeur du bacon le rendait très affectueux… Jo regarda la pendule de la cuisine. Elle n'aimait pas conduire vite et l'école était à vingt minutes. À 8 h 30, elle prit l'assiette de son fils et la posa par terre, pour le plus grand bonheur du chien. Alexa rit en voyant Bunbulama engloutir les restes d'un seul coup de langue.

– J'avais pas fini ! râla Ben.

– Maintenant, si, répondit Jo. Allez ! En voiture ! Il faut passer prendre Jimmy.

***

Une vingtaine de minutes plus tard, Alexa, Ben et Jimmy étaient en cours. Ce qu'Alexa préférait à l'école, c'était les copains. Les cours, c'était nettement moins amusant. Surtout quand il fallait répondre à des questions sur un écran d'ordinateur. Une fois sur deux, Alexa appuyait sur une mauvaise touche et le programme disparaissait.

– Monsieur ! appela-t-elle. C'est encore parti !

Son professeur se prit la tête entre les mains.

– Ce n'est pas possible, Alexa ! Comment fais-tu pour planter ton ordinateur aussi souvent ?

– Je sais pas ! J'ai le même problème avec le lecteur DVD. Il ne marche jamais avec moi. Je crois que les machines me détestent...

– Moi je crois que t'es nulle, c'est tout, murmura une élève.

Alexa avait entendu et elle se retourna. Cette peste d'Emilia, évidemment !

Comme le professeur arrivait pour remettre le programme en route, Alexa serra les dents et ne dit rien. Des nuages noirs apparurent dans le ciel bleu. Les pluies tropicales pouvaient être violentes dans la région. Déjà, dans la matinée, il pleuvait trop fort pour jouer dehors. Alexa avait horreur de rester enfermée. Mais c'était la règle : les élèves n'avaient pas le droit de sortir si un orage menaçait d'éclater.

À l'heure du déjeuner, les enfants se

bousculaient devant le magasin de l'école. Trois fois par semaine, des mères d'élèves vendaient à petits prix des sandwichs, des tourtes à la viande et des gâteaux. Dans la file d'attente, Ben poussa un soupir de désespoir.

– Bon sang ! Mon match de ***footy*** risque d'être annulé avec ce temps pourri !

– Je ne comprends pas pourquoi il n'y a pas de filles dans l'équipe, dit Alexa.

– Parce que c'est un jeu de brutes, répondit Jimmy.

– Mais c'est pas vrai ! rétorqua Ben.

– Tu plaisantes ? ricana Jimmy. Tous les coups sont permis ! On frappe avec le pied, avec la main et… sur les autres joueurs ! C'est du grand n'importe quoi ! Le tennis, ça, c'est un beau sport ! Et puis, un garçon et une fille peuvent jouer ensemble. En double mixte…

Tu pourrais être ma partenaire, Alexa !

– Pas trop mon truc, le tennis.

– Tu te sens prête pour demain ? demanda Ben.

– Toujours ! Oh… regardez-moi cette chipie d'Emilia qui fait admirer son nouveau bracelet en or ! Je la déteste.

– Et moi donc ! répondit Jimmy. Fais-moi plaisir, Alexa. Écrase-la, samedi !

Alexa et Emilia appartenaient au même club équestre. Emilia était aussi inscrite pour le ***cross-country***. C'était à cause d'elle qu'Alexa avait reçu son premier avertissement. Emilia avait dit que les Aborigènes étaient sales et paresseux. Alors Alexa l'avait traitée de peste idiote. Elles avaient fini dans le bureau de la directrice parce qu'elles se battaient dans la cour.

– T'inquiète, affirma Alexa. Je vais l'écrabouiller comme

un ***mozzie*** sur le dos de ma main !

– Je vous prends des sandwichs à la Vegemite[17] ? proposa Ben.

– Moi je veux bien, dit Jimmy.

– D'accord, répondit Alexa. Il n'y a pas de viande dedans…

À cause de la pluie, les élèves étaient obligés de manger à l'abri dans le gymnase. Dans le haut-parleur, une voix annonça que l'entraînement de ***footy*** était annulé.

– Faut prévenir maman pour qu'elle vienne nous chercher à 15 h 30, dit Alexa. Tant mieux pour moi ! C'est pas marrant de t'attendre pour rentrer à la maison.

Les téléphones portables étaient interdits à l'école. En cas de besoin, les enfants pouvaient appeler du bureau de la directrice.

– Génial, grogna Ben. Après avoir fait

17. Vegemite : pâte à tartiner australienne. Brune et salée, elle se compose de levure de bière, d'arômes de légumes et de vitamines.

la queue devant le magasin, je dois faire la queue pour téléphoner !

Alexa se mit soudain à rire.

– Le ***cross-country*** ! s'exclama-t-elle. Je ne sais pas s'il pleuvra demain mais, de toute façon, le terrain sera plein de boue !

– J'espère qu'Emilia se cassera la figure, répondit Jimmy.

– Tu peux être sûr qu'il va y avoir beaucoup de chutes ! Moi, j'ai un avantage sur les autres concurrents. Belize est super costaud. C'est facile pour lui de garder l'équilibre quand il atterrit après avoir sauté les obstacles, même si ça glisse. Ce qui m'inquiète le plus, c'est la rivière. Belize n'aime pas ça. Il a peur, je crois.

Alexa avait des raisons d'être soucieuse. La dernière fois qu'elle avait participé à un ***cross-country***, Belize avait refusé d'entrer dans l'eau. Alexa avait perdu des points et du temps et elle était arrivée quatrième. Emilia avait gagné la médaille d'argent avec le superbe cheval alezan[18] que lui avait acheté son père. Et ça, Alexa ne l'avait pas digéré…

18. Alezan : cheval dont la robe (le pelage) est jaune rougeâtre.

ARS

Chapitre 7

Le *cross-country*

Le lendemain, Alexa se réveilla très tôt. Le soleil brillait dans un ciel uniformément bleu. C'était souvent comme ça dans le Territoire du Nord, région où habitait Alexa. Les pluies étaient très violentes, mais ne duraient pas.

Pour une fois, Alexa ne traîna pas. Elle s'habilla en vitesse et descendit à la cuisine. Dan Clark buvait son thé en grignotant. Bunbulama se leva en remuant la queue.

Alexa lui caressa la tête pour lui dire bonjour.

– Tu as sorti la remorque ? demanda-t-elle.

– ***G'day***[19], répondit son père. Et, oui, j'ai sorti la remorque du garage et elle est attachée à la voiture. Où tu vas ?

Déjà sur le pas de la porte, Alexa se retourna.

– Préparer Belize, évidemment !

– Assise ! ordonna Dan. Non, Bunbulama, ce n'est pas à toi que je parle. Alexa, tu n'iras nulle part avant d'avoir pris un solide petit déjeuner. Quant à ton cheval, je m'en occupe.

– C'est mon travail ! protesta Alexa.

– Pas aujourd'hui. Et puis, j'ai une bonne raison. Si Belize te voit, il croira que tu viens pour le monter. Il doit rester calme avant d'être transporté.

– Bon, d'accord... Tu n'oublieras pas les bandes pour protéger le bas de ses jambes !

19. G'day *(en anglais australien, contraction de* good day*) : bonjour.*

– Je faisais de l'équitation avant toi, je te rappelle !

Alexa ouvrit le réfrigérateur pour y prendre la bouteille de lait frais et un yaourt. Son père la regarda. Alexa sourit et posa la main sur son cœur.

– Je promets de manger du pain beurré et un fruit. Tu peux y aller !

Dan croisa les bras sur sa poitrine.

– Quoi ? s'écria Alexa. C'est pas encore suffisant ?

– Des œufs et de la Vegemite.

– Pauvre Belize ! plaisanta-t-elle. Je vais peser une tonne avec tout ça dans le ventre !

– Je pense qu'il peut en porter dix comme toi. J'entends ta mère dans l'escalier. Demande-lui de te cuire tes œufs.

Alexa mit les tranches de pain à griller. Au moment où son père partait, elle lança :

– Merci, papa ! Je ne t'échangerais pour rien au monde !

– Trop aimable.

Alexa rit. Elle avait vraiment des parents géniaux.

***

Le *cross-country* était une occasion de faire la fête. Les familles des participants et les curieux venaient avec leur pique-nique. Les premiers arrivés garaient leurs voitures près des barbecues en pierre installés le long de la route. À l'heure du déjeuner, on sortirait les côtelettes d'agneau, les saucisses

et les steaks de la glacière qui les gardait au frais. Pour les paresseux, des vendeurs proposaient hamburgers, poulets grillés, tourtes à la viande et plats chinois.
Un agent municipal, en short, aidait les conducteurs de remorques à trouver l'emplacement qui leur était réservé.
À l'écart de la foule, les chevaux étaient préparés par leur propriétaire. Alexa brossait Belize à longs coups fermes. Avant une course, il était important de donner de la force aux muscles et de faire circuler le sang. Belize adorait qu'on le masse !
Ben apporta un seau d'eau qu'il avait rempli à la pompe. Alexa passa les rênes et le mors. Jimmy souleva la selle et la posa sur le dos de Belize. Il la fit glisser vers l'arrière, dans le sens des poils. Dan Clark avait mis les bandes avant de partir de la maison. Il avait aussi peigné la crinière et la queue.

Chapitre 7

Alexa vérifia la sangle avant de la serrer sous le ventre de son cheval. Il fallait toujours veiller au bon état des fixations, sinon la selle risquait de tomber !

Jo, la mère d'Alexa, revint du stand des organisateurs.

– Tu pars en cinquième position, déclara-t-elle. Normalement, il y a un départ toutes les dix minutes. La course devrait se terminer vers midi.

– Je vous parie que le père d'Emilia s'est arrangé pour que sa fille parte la troisième, dit Alexa.

– Pourquoi ? demanda Ben.

– Parce que c'est la meilleure position. Tu as l'occasion de voir comment se débrouillent les premiers. Ça te donne une idée des difficultés du parcours. En plus, tu n'attends pas trop longtemps. Le terrain est encore correct. Avec la

pluie d'hier, il est déjà bien collant...
Après le passage de plusieurs chevaux, je te laisse imaginer le champ de boue !

Jo fronça les sourcils. Deux hommes en costume noir et cravate traînaient autour des remorques. L'un d'eux, qui était très grand, prenait des notes dans un carnet.

– Qu'est-ce qu'ils trafiquent, ceux-là ? grogna-t-elle. Ils étaient au stand et ils posaient des tas de questions sur les enfants. Ça ne me plaît pas beaucoup...

– Ils doivent crever de chaud avec leurs costards ! rigola Jimmy.

Les hommes en noir s'étaient arrêtés devant l'alezan d'Emilia Simpson.

– Magnifique animal, remarqua le géant.

– C'est un anglo-arabe, précisa Emilia fièrement.

– C'est un pur-sang anglais, corrigea-t-il.

– Pas du tout ! protesta Emilia. Je sais

mieux que vous !

– Ça, je ne crois pas, dit l'homme avec un sourire.

Emilia ouvrit la bouche pour répondre quelque chose de peu aimable, mais sa sœur aînée vint la chercher.

– Dépêche-toi, maman te garde une place sur la tribune d'honneur ! Le concours va commencer. Vous désirez, messieurs ?

– Nous ne

sommes que des observateurs. Merci et bonne chance à cette jeune fille.

– Pas besoin de chance, je suis la meilleure ! rétorqua Emilia en leur tournant le dos.

Le plus petit de ces étranges personnages en noir regarda son compagnon.

– Tu peux noter : le cheval a l'air intelligent, la cavalière est stupide.

Les spectateurs se pressaient pour se trouver une bonne place sur les gradins. Alexa, Ben et Jimmy décidèrent de marcher jusqu'à la rivière. Alexa voulait l'examiner de près.

– Mais c'est super difficile ! s'exclama Jimmy. Il y a une barrière juste avant la rivière !

– C'est là que tout va se jouer, dit Alexa. Celui qui passera le dernier obstacle sans problème sera sûrement le vainqueur !

Le premier concurrent était Jonathan Martin, un garçon de 15 ans. Ses points forts étaient la vitesse et un bon équilibre. Malheureusement, son cheval était capricieux. Jonathan disparut derrière les arbres.

– D'ici, on ne peut pas voir la course en entier, regretta Ben.

Le cross se déroulait sur 2 kilomètres et comprenait douze obstacles. Des arbitres se tenaient tout au long du parcours pour compter les fautes. Jimmy vérifia l'heure sur sa montre.

– Voilà Jonathan ! s'écria Alexa. Il va sauter la haie !

– Il est rapide, remarqua Ben.

– Trop, répondit Alexa. Jonathan a perdu le contrôle. Tiens ! La preuve ! Il est passé à côté d'un obstacle !

Jonathan fut obligé de repartir en arrière.

Il réussit à sauter le mur. Il eut moins de chance à la rivière. Son cheval refusa par trois fois de franchir la barrière. Au dernier essai, il fit tomber la barre.

– C'était moins une ! commenta Alexa. Quatre refus et c'était terminé pour lui ! Le haut-parleur annonça six fautes pour Jonathan Martin. La rivière lui avait coûté cher ! Le cavalier suivant était aussi un garçon. Il n'avait jamais fait de ***cross-country*** auparavant. On lui compta vingt-sept fautes, mais il était très content d'avoir fini sans être éliminé. Pour un début, ce n'était pas si mal, après tout !

– Au départ, Emilia Simpson et King Henry III, dit l'annonceur dans le haut-parleur.

Au coup de sifflet, Emilia talonna violemment les flancs de son cheval alezan. King Henry III fut surpris d'être ainsi frappé dans le ventre et, visiblement, il n'apprécia pas. Il partit tout de même au grand galop. Il sauta le dos-d'âne, un obstacle pourtant très difficile, avec une facilité digne d'un champion. Emilia tira sur les rênes pour obliger son cheval à ralentir avant le fossé. Elle les tenait déjà très serrées et King Henry III secoua la tête comme s'il cherchait à se libérer. Emilia ne comprit pas que le mors blessait la bouche de l'alezan. Elle tira encore, d'un coup sec, pour montrer au cheval que c'était elle qui commandait. Le résultat ne se fit pas attendre : King Henry III descendit et remonta le fossé au lieu de le franchir d'un bond. Emilia se trouva déséquilibrée dans la descente. En effet, dans une pente, le cavalier doit se pencher vers l'arrière. Emilia se rattrapa en saisissant la crinière d'une main. Elle évita la chute de justesse. L'arbitre lui compta une faute. Emilia eut ensuite

moins de problèmes. Elle avait eu peur de tomber et elle ne poussa plus son cheval à un galop trop rapide.
Alexa l'observa aborder la haie doublée et le mur. Il fallait bien reconnaître qu'Emilia savait monter… et que King Henry III était exceptionnel ! Jimmy croisa les doigts quand l'ennemie jurée d'Alexa approcha de la rivière.
De nouveau, Emilia tira sur les rênes. Et là, King Henry III s'arrêta net devant la barrière. Voulait-il lui faire payer les méchants coups de talon ? Ou la douleur causée par le mors était-elle insupportable ? En tout cas, il refusa de sauter à deux reprises. Emilia lui cria des insultes, ce qui n'eut pas beaucoup d'effet ! Elle se calma. Elle n'avait pas l'intention de renoncer. Elle décida de repartir en direction du mur pour donner suffisamment d'élan à son cheval. Elle pensa

même à l'encourager de quelques mots. Et King Henry III franchit la rivière.

– Trois fautes, c'est plutôt bien... remarqua Ben. Le chrono de Jonathan Martin est nettement meilleur !

– Pas assez pour qu'il garde la première place, répondit Alexa. Bon... Il faut que je fasse trotter Belize dans le champ, histoire qu'il se dérouille les jambes !

Alexa n'en dit pas plus. Elle ne voulait pas que les garçons se doutent que son moral n'était pas au top. Elle pouvait battre Emilia. Mais Belize était-il capable de battre King Henry III ?

Chapitre 8

Alexa se lance !

Pendant ce temps-là, les Clark s'étaient installés à la tribune située à mi-parcours. De là, on voyait le parcours jusqu'au huitième obstacle. Jo croisa les doigts quand Alexa et Belize apparurent.

– Cet animal est vraiment laid, dit une voix derrière les Clark. Membres courts. Corps trop long… Il donne une impression de lourdeur.

Scandalisée, Jo se retourna. Les hommes en noir, armés de jumelles, observaient sa fille et son cheval !

– C'est vrai, répondit le géant. Pourtant, il pourrait nous étonner. L'œil est vif et il a l'air joyeux. Il a les oreilles en mouvement. Il écoute sa cavalière. Il est évident qu'ils s'entendent parfaitement, ces deux-là.

Leur conversation fut interrompue par l'annonceur.

– Au départ : Alexa Clark et Belize !

L'arbitre qui tenait le chronomètre donna les dernières instructions à Alexa.

– Quand tu entends le coup de sifflet, tu te prépares. Je ne déclenche le chrono que lorsque tu passes entre les poteaux blancs. Tu dois repasser entre les poteaux à la fin de la course. D'accord ?

– Oui, monsieur.

Le regard d'Alexa se porta sur le dos-d'âne, le premier obstacle difficile. Belize ferait sûrement tomber la barre du haut. À cause de sa taille, Belize avait du mal à sauter en même temps en hauteur et en longueur. Mais une seule chose était importante : qu'il ne refuse pas de sauter ! Elle se pencha pour parler à son cheval :

– C'est à nous, mon pote. On est là pour s'amuser. Alors, relax !

Quand le coup de sifflet retentit, Alexa oublia tout : les spectateurs bruyants, la chaleur étouffante, les nuées de mouches et... Emilia. Elle serra les genoux et relâcha la pression sur le mors. Belize comprit aussitôt que c'était le moment de donner le meilleur de lui-même. Il partit au petit galop et accéléra en approchant des poteaux. Il garda une bonne allure dans la première ligne droite, ni trop rapide ni trop lente.

Il se présenta devant le dos-d'âne d'excellente manière. Il avait l'intention de sauter ! Alexa murmura « hop » et, la seconde suivante, Belize était de l'autre côté de l'obstacle. Alexa avait senti le léger choc des sabots arrière sur la barre. Celle-ci était-elle tombée ? Peut-être. Alexa ne voulait pas le savoir. Elle resta concentrée.

Dirigeant toujours son cheval à la voix, elle lui ordonna de ralentir un peu. Les quatre concurrents précédents ne s'étaient pas méfiés du fossé qui semblait facile. Mais il était beaucoup plus large qu'il n'en avait l'air. Et ils avaient tous fait une faute à cet endroit. Alexa lança un « allez ! » enthousiaste quelques mètres avant le fossé. Belize fonça.

Jo Clark essaya d'entendre la conversation entre les hommes en noir derrière elle. Elle était curieuse de connaître leur opinion.

– Ah ! Parfait ! s'exclama le premier.

Vous aviez raison : ce cheval cache bien son jeu !

– Voilà ce qu'on obtient quand la confiance est totale entre un cavalier et sa monture, répondit le géant.

La maman d'Alexa sourit.

Alexa tapota l'encolure de Belize pour le féliciter.

– Ne te précipite pas. Le terrain est boueux et glissant. Reprends des forces.

La plus grande partie du parcours, sur plus de 1 kilomètre, ne comportait que des barrières simples, d'une hauteur raisonnable. La plupart des cavaliers y voyaient l'occasion de gagner une minute ou deux et laissaient leurs chevaux galoper sans les retenir. Grave erreur ! Les trois derniers obstacles étaient aussi parmi les plus difficiles. Si les chevaux arrivaient épuisés par leur course, ils risquaient la chute ou le refus. Alexa préférait être prudente et elle contrôla l'allure de Belize. Ils franchirent les sept obstacles facilement.

– La haie… murmura Alexa. Mon vieux, c'est le moment de prouver que tu es aussi bon que King Henry III. Hop !

Elle s'aperçut à peine que le cheval se soulevait. Leur union était telle que c'était comme s'ils ne faisaient plus qu'un. Le mur, maintenant. Hop ! Belize n'avait jamais été aussi bon. Le regard d'Alexa se porta plus loin. Belize souffla sourdement. Il avait vu la rivière et ça ne lui plaisait pas.

Ben et Jimmy criaient des encouragements. Mais Belize pila devant la barrière. Entrer dans l'eau ? Non merci ! Alexa garda son calme. Elle s'attendait à sa réaction.

– Allez, mon ami. On recommence !

Les garçons ne criaient plus. Ben se couvrit les yeux. C'était trop pour lui, il ne voulait pas voir le désastre ! Belize refusa une seconde fois de sauter. Alexa serra les rênes et l'obligea à tourner. Belize n'était pas habitué à pareille pression sur sa bouche. Alexa lui ordonna de s'arrêter et elle se pencha en avant pour murmurer à l'oreille de son cheval.

– C'est ma dernière chance de gagner, mon pote. Me fais pas ce coup-là !

Elle relâcha la pression sur le mors. Aussitôt Belize partit au galop. Jimmy donna une grande claque dans le dos de Ben.

– Ça y est ! Ça y est ! Il l'a fait !

Ben ouvrit les yeux à l'instant où Belize atterrissait dans l'eau, éclaboussant l'arbitre qui se tenait juste là. Celui-ci avait déjà été aspergé par les précédents concurrents, alors ce n'était pas grave !

– Vas-y ! Vas-y ! hurla Ben.

Belize sortit de l'autre côté de la rivière et

fonça vers les poteaux. Des applaudissements accueillirent leur arrivée. Alexa se sentait merveilleusement heureuse et elle était sûre que Belize l'était également.

– Alexa Clark. Deux fautes. Placement au temps : troisième.

Incroyable ! La barre du dos-d'âne n'était pas tombée ! Mais si Alexa était troisième au temps, ça signifiait qu'Emilia Simpson et Jonathan Martin avaient été plus rapides qu'elle. Restait à savoir qui serait le meilleur après le compte des points…

Dick Johnson remporta la coupe. Ce n'était pas vraiment étonnant, il avait 16 ans et beaucoup d'années d'équitation derrière lui. Alexa et Emilia se retrouvèrent sur la deuxième marche du podium. Ex aequo aux points ! Emilia était furieuse d'avoir perdu. Alexa était fâchée de ne pas avoir battu son ennemie. Mais dès qu'elle eut sa médaille

autour du cou, sa déception s'envola. Sa première récompense en ***cross-country*** ! Elle avait toutes les raisons d'être contente !

– Bravo, ma chérie ! s'exclama Jo en la prenant dans ses bras. Tu as été formidable !

– Si seulement tu réussissais aussi bien à l'école, ajouta Dan.

– Papa ! protesta Ben. Alexa est une championne ! Tu pourrais la féliciter ! Moi, je suis super fier de ma sœur !

Jimmy posa les mains sur son cœur et sourit. Il bougea les lèvres. Aucun son n'en sortit, mais Alexa comprit qu'il lui disait : « Je t'aime. »

– Miss Clark ?

Jo se retourna. Pas possible ! Les hommes en noir ! Que voulaient-ils encore, ceux-là ?

– Je suis sa mère, Jo Clark. Et vous ?

– Hubert Lebrun du Chardonnais.

Jo faillit répondre : « À vos souhaits ! »

M. Lebrun du Chardonnais présenta le géant.

– Et voici sir William York. Nous sommes les sélectionneurs de l'Académie Bergström.

– Nous sommes supposés connaître ? demanda Dan.

M. Clark n'eut jamais la réponse. Le père d'Emilia Simpson arriva en courant.

– Non, non ! cria-t-il. Vous faites erreur, messieurs ! C'est moi qui vous ai envoyé le dossier d'inscription pour ma fille !

– Oui, nous le savons, répondit sir York. Malheureusement, nous sommes au regret de vous annoncer que votre fille n'a pas les qualités nécessaires pour être acceptée dans notre école.

– Que… quoi ? bégaya M. Simpson, stupéfait.

– Vraiment désolé. En revanche, miss Clark, vous nous intéressez beaucoup.

– Moi ? fit Alexa. Pourquoi ?

– Pour entrer à l'Académie Bergström.

Chapitre 9

Difficile décision

Alexa, Ben, Jimmy et Jo n'en finissaient plus de rire, écroulés sur le tapis du salon.

– La tête du père d'Emilia ! s'écria Jo. Rien que pour ça, ça valait le coup de se lever ce matin !

– Et celle d'Emilia quand elle a compris qu'Alexa avait été choisie à sa place ! ajouta Ben.

– Oh oui ! Trop bon ! répondit Jimmy.

– J'en ai mal au ventre à force de rigoler ! remarqua Alexa.

– Vous allez vous calmer, oui ? râla Dan Clark. J'essaie de lire, moi !

– Je ne peux plus m'arrêter, mon trésor ! lui répondit sa femme en riant de plus belle. Ah ! Y a des moments dans la vie qu'on ne voudrait pas rater ! Et celui-là, c'est l'un des meilleurs ! Alors, tu as trouvé ?

Assis devant son ordinateur, Dan acquiesça.

– Oui. J'ai trouvé le site de l'Académie Bergström. Impressionnant, leur site. Oh ! Ça, c'est incroyable ! Vous savez quoi ? Ils reçoivent cent mille dossiers d'inscription par an ! Vous vous rendez compte ? Cent mille ! Et l'année prochaine, ils ne prendront que soixante enfants !

Jo ouvrit des yeux grands comme des soucoupes.

– Hein ? Et notre fille les intéresse ?

– Ils avaient l'air sérieux. Venez regarder les photos sur l'écran.

Tout le monde fit cercle autour de Dan Clark.

– C'est un château ! s'exclama Ben. Vous avez vu ? Il y a un cirque ! Un jardin !

– Un parc avec une forêt, corrigea Dan. Salles de classe ultramodernes, chambres avec salle de bains, cafétéria, bibliothèque informatique, écuries…

– C'est fou… murmura Jimmy.

Jo lut le texte de présentation à mi-voix :

– « Créée en 1976 par Frederik Bergström, un industriel suédois, la Fondation Bergström a pour but d'accueillir des enfants au talent particulier afin de leur permettre de s'épanouir et de progresser. Deux cents personnes parcourent le monde à la recherche de ces jeunes exceptionnels. Ceux-ci sont hébergés à l'Académie, une école hors norme où chacun d'eux peut à la fois suivre une instruction scolaire et se consacrer à son art, sport ou autre talent qui lui est propre. La maîtrise de l'anglais est indispensable. La Fondation Bergström a mis en place des cours d'enseignement gratuits de la langue anglaise dans plus de vingt-cinq pays. Ces cours ont lieu pendant les vacances précédant l'entrée à l'Académie pour les enfants de familles modestes ou pauvres. Tout au long de l'année, ils bénéficieront de cours supplémentaires si nécessaire. Le cycle scolaire se déroule sur quatre ans pour des élèves entre 11 et 15 ans. »

Dan Clark cliqua sur la souris pour faire défiler les pages.

– Dossier d'inscription... professeurs... encadrement... règlement de l'école... Eh bien ! Voilà une liste qui laisse rêveur : « Ce que sont devenus les enfants de l'Académie Bergström. » Des chanteurs d'opéra, des artistes de cirque, des danseurs étoiles, des peintres, des comédiens... Un champion d'Europe d'équitation ! Tiens, le photographe, là, même moi qui n'y connais rien, je connais son nom ! C'est carrément hallucinant !

Jo ramassa la carte de visite que le géant lui avait donnée.

– Sir William York. Il attend notre appel. Qu'est-ce qu'on décide ?

– Tu as compris qu'Alexa devra partir à l'autre bout du monde pendant quatre ans ? demanda Dan. Tu es prête à ça ?

– Mais enfin, cria Ben, vous n'allez pas lui interdire d'y aller quand même ? Ça n'arrive pas deux fois, une chance pareille !

– Et puis, Alexa reviendra pendant les vacances, dit Jimmy.

Dan, Jo et les garçons commencèrent à

discuter entre eux. Et la discussion fut très animée ! À tel point qu'ils ne s'aperçurent pas qu'Alexa était sortie de la pièce.

– Où est-elle ? dit soudain Jo.

– Elle est sûrement avec Belize, supposa Jimmy. J'y vais.

Jo l'arrêta.

– Non. Moi, j'y vais !

Alexa n'était pas avec son cheval. Elle s'était réfugiée dans son petit coin à elle, sous les arbres où se trouvait sa vieille balançoire. Assise sur la planche en bois verni, elle se balançait en regardant ses pieds. Avant… Arrière… Avant… Arrière…

– Alexa ? Qu'est-ce que tu fais ? Pourquoi t'es-tu sauvée comme une voleuse ?

– Parce que personne ne m'a demandé mon avis ! hurla Alexa.

– D'accord… Alors, qu'est-ce que tu penses, toi ?

– Ch'ais pas, répondit Alexa en haussant les épaules. Je veux gagner des médailles, mais je veux aussi être juste une fille comme les autres et m'amuser avec mes copains !
– C'est une décision difficile à prendre. Tu es encore mon bébé, je n'ai pas envie

d'être séparée de toi ! Pourtant, je crois que Ben a raison. Si tu ne vas pas à l'Académie Bergström, tu le regretteras. Je te propose un marché : tu essaies et si ça ne te plaît pas là-bas, tu rentres à la maison. Ce n'est pas plus compliqué que ça !

– Peut-être… J'ai un peu temps pour y réfléchir ?

– Évidemment. Tu préfères rester seule, j'imagine.

Jo posa un léger baiser sur le front de sa fille et s'éloigna.

***

Plus tard, au crépuscule, les wallabies s'aventurèrent dans le jardin. Ils ne semblaient pas avoir peur des humains. Mais ils disparaissent en quelques bonds dès qu'on s'approchait d'eux. Alexa s'était balancée jusqu'à en avoir la nausée. Elle releva la tête en entendant Bunbulama éternuer. Jimmy accompagnait le chien.

– Ta mère m'envoie te chercher. Le dîner est servi... ça va ?

– Qu'est-ce que je dois faire, Jimmy ? soupira Alexa.

– Ce n'est pas ton genre d'hésiter. Tu es une championne et les champions ne reculent pas devant les obstacles ! Il fallait te voir aujourd'hui ! Tu n'as pas abandonné devant la rivière. Tu as tenu bon. Est-ce que tu rends compte que ces deux bonshommes avec leur costume noir, ils sont venus te chercher ? Pas cette peste d'Emilia avec son cheval hors de prix. Toi, Alexa Clark ! Je suis comme ton frère : je n'ai jamais été aussi fier de toi !

Alexa sentit les larmes lui monter aux yeux.

– Je ne veux pas te quitter !

– Je serai toujours là. À attendre ton retour ! Quand on aime vraiment quelqu'un, on ne l'empêche pas de vivre son rêve.

Alexa essuya ses joues humides et se redressa, le regard brillant.

– Un jour, je te donnerai la médaille que j'aurai gagnée aux Jeux olympiques !

– Seulement une ? plaisanta Jimmy.

– Je garderai les autres, celles en or ! répondit-elle en riant. Tu t'occuperas de Belize ?

– Alors, tu pars à l'Académie Bergström ?

– OUI ! s'écria joyeusement Alexa.

Jimmy prit sa main dans la sienne et sourit. Il se pencha vers elle et murmura tout doucement :

– Tu es le soleil de ma vie.

VOCABULAIRE

Billabong
(mot aborigène signifiant « eau morte ») :
trou d'eau, petite mare,
dans les rivières asséchées.

Bonzer
(prononcer « bon-zeur », en argot australien) :
génial, excellent.

Bora (en aborigène) :
cérémonie sacrée chez les Aborigènes.

Bush (en anglais) :
végétation formée d'arbustes
et d'arbres isolés. En Australie,
cette végétation est très répandue.

Chatterbox (en anglais) :
personne très bavarde, moulin à paroles.

Coconut (en anglais) :
Noix de coco.

Cross-country (en anglais) :
course d'obstacles
(troncs, haies, rivières...) à cheval.

Drongo (en argot australien) :
idiot, gros nul.

Footy :
jeu australien. Sorte de mélange entre le football et le rugby. Appelé aussi *Australian Rules* ou *Aussie Rules*. « Aussie » est le surnom donné à Australie ou australien. On joue sur un grand terrain ovale. Chaque équipe comporte dix-huit joueurs.

G'day (en anglais australien, contraction de *good day*) :
bonjour.

Lunch box (en anglais) :
boîte à compartiments dans laquelle on transporte son repas.

Mozzies
(prononcer « moz-zize », en australien) :
moustiques.

Mullee Mullee
(prononcer « Mulli Mulli », en aborigène) :
Esprit du Rêve pour les Aborigènes.

Rarrk (en aborigène) :
dessin aborigène racontant
une légende du Temps du Rêve.

River Princess (en anglais) :
Princesse de la rivière.

Yidaki (en aborigène) :
instrument plus connu sous le nom de didgeridoo. Le *yidaki* est fabriqué à partir d'un tronc ou d'une branche d'arbre que les termites ont creusé. Une fois coupé à la taille voulue, il est peint.

POUR EN SAVOIR PLUS...

Photo : Agence Les 7

LES ABORIGÈNES

Les Aborigènes sont les premiers habitants de l'Australie (un aborigène est une personne qui habite un pays depuis ses origines).

Au début, les Aborigènes étaient des chasseurs-cueilleurs, qui voyageaient presque tout le temps. Les hommes chassaient les animaux, les femmes et les enfants s'occupaient de la cueillette des fruits, des légumes, des racines et des céréales.

À partir du XVIIIe siècle, les Européens sont arrivés en Australie et ont tué de nombreux Aborigènes. Aujourd'hui, ces derniers ne représentent plus qu'environ 2 % de la population d'Australie...

Il a fallu attendre 1967 pour que la communauté blanche australienne se rende compte qu'il était important de mieux traiter les Aborigènes. Ils sont alors enfin reconnus comme citoyens australiens.

Les Aborigènes ont heureusement su garder une très grande part de leur culture et de leur savoir. Ce sont d'excellents peintres. Ils ont aussi conservé beaucoup de chants anciens et développé des instruments très particuliers. Leur passe-temps le plus célèbre est la pratique du boomerang.

LE DIDGERIDOO
(OU YIDAKI)

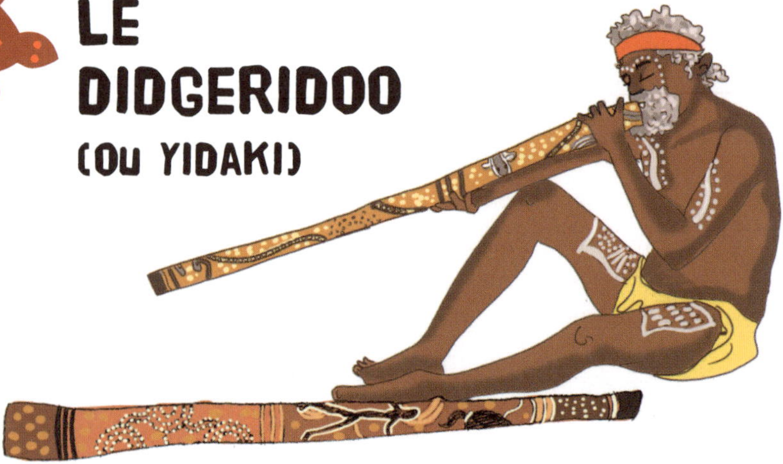

Le didgeridoo est un instrument de musique à vent. Cet instrument aborigène date d'environ vingt mille ans !

Il est fabriqué traditionnellement à partir du tronc d'un arbre dont le cœur a été mangé et vidé par les termites.

L'homme coupe l'arbre à la base, puis conserve le tronc – qui est donc « creux » – pour en faire un didgeridoo. Le tronc doit sécher entre six mois et cinq ans avant de pouvoir être préparé (raboté, poncé, verni...).

POUR EN SAVOIR PLUS...

Le mot didgeridoo a été inventé par les Européens à partir du son que fait l'instrument quand on souffle dedans. Selon la tribu à laquelle ils appartiennent, les Aborigènes l'appellent différemment : les noms les plus courants sont *yidaki, mooloo, djubini...*

Le joueur fait vibrer ses lèvres pour obtenir le son de base. Puis il ajoute des sons supplémentaires avec sa langue, sa gorge et sa voix.

Pour les Aborigènes, le didgeridoo est indispensable lors des cérémonies sacrées, durant lesquelles ils chantent et dansent en rendant hommage à la planète.

LE CODE MULLEE MULLEE

A

B

C

D

E

F

G

H

I

J

K

L

M

N

O

P

Q R S T

U V W X

Y Z

La présence d'un accessoire (drapeau, étoile, fleur…) indique le début d'un mot.

L'ACADÉMIE BERGSTRÖM

Les Kinra Girls sont **5 filles** venues des **4 coins du monde.**

Kumiko, la Japonaise, **Idalina**, l'Espagnole, **Naïma,** l'Afro-Américaine, **Rajani**, l'Indienne, et **Alexa,** l'Australienne, se rencontrent à l'Académie Bergström, un collège international qui accueille des élèves talentueux du monde entier.

Les Kinra Girls, c'est un univers complet

Ces 5 filles aux cultures si différentes vont vivre ensemble des moments exceptionnels.

Au fil de leurs multiples aventures, elles vont s'ouvrir au monde, découvrir les **cultures** des autres pays, apprendre à respecter leurs **différences** et devenir inséparables.

avec : **une série de livres** qui retracent leurs aventures, **un site interactif** et **des produits** (personnages, vêtements et accessoires).

L'univers des kinra girls

LE SECRET DE KUMIKO
RAJANI VEUT DANSER
IDALINA

kinra girls

DANS LA MÊME COLLECTION

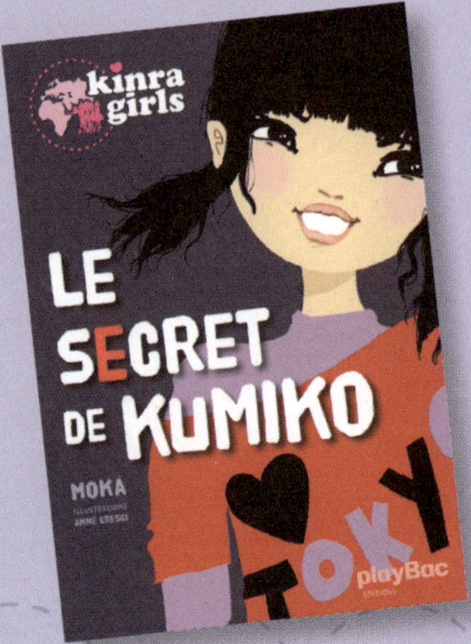

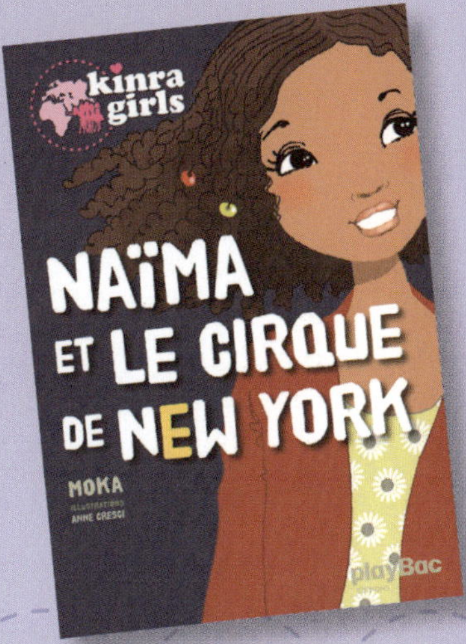

Visuels
non contractuels

ISBN : 9782809646061.
Dépôt légal : septembre 2011.
Imprimé en Roumanie par G. Canale & C. S.A.
sur papier issu de forêts gérées durablement.

Loi n° 49-956 du 16 juillet 1949 sur les publications destinées à la jeunesse.

Mise en page : Isabelle Southgate.
Mise au point de la maquette : Cédric Gatillon.
Roc Prépresse pour la photogravure.

Nous tenons à remercier pour leur contribution à cet ouvrage :
M. Bellamy-Brown ; C. Bleuze ; M. Boucher ; J.-L. Broust ; S. Chaussade ;
A.-S. Congar ; E. Duval ; A. Le Bigot ; B. Legendre ; É. Leplat ; V. Lhuillier ; L. Maj ;
F. Malbert ; K. Marigliano ; A. Molac ; L. Pasquini ; C. Petot ; C. Schram ; M. Seger ;
V. Sem ; S. Tuovic ; K. Van Wormhoudt ; M.-F. Wolfsperger.